권천학 시집

길에서 도(道)를 닦다

– 영랑문학상 수상 기념시집

순수시선 576

길에서 도(道)를 닦다

권천학 지음

2017. 9. 1. 초판
2017. 9. 9. 발행

발행처 · 순수문학사
출판주간 · 朴永河
등   록 제2-1572호

서울 중구 퇴계로48길 11 협성BD 202호
TEL (02) 2277-6637~9
FAX (02) 2279-7995
E-mail ; seonsookr@hanmail.net

· 저자와의 합의하에 인지를 생략함
· 잘못된 책은 바꾸어 드립니다

ISBN 979-11-86171-62-2

가격 10,000원

권천학 시집

길에서 도(道)를 닦다

−영랑문학상 수상 기념시집

순수

◆ 시인의 말 ─────────────

길 위에서 때로는 헛짚기도 하고,
허기도 졌다.
그러면서도 짊어진 짐이 즐겁다,
시詩!

오래된 짐을 덜어내느라
눈이 바시다
늘,

> 2017년 모란의 계절에
> 권천학

차례

◆시인의 말 • 13

1 나의 길에서

내가 하고 싶은 것 • 22
모란에게 • 23
그놈 목소리 • 24
짐승의 시대 • 25
살 빼기 • 26
프로포즈의 추억 • 27
이름값 • 28
가을 참회록 • 29
배신의 축배 • 30
하지제夏至祭 • 31
운두령 • 32
봉평 가는 길 • 33
수타계곡 • 34
태기령 • 35
가산공원에서 • 36
효석의 생가 터에서 • 37

2 대한민국의 길에서

무궁화 • 42
대한민국에게 보내는 밥상 • 43
한글로 짓는 영혼의 집 • 44
7월 장마 • 46
신의주 세미나에 가는 아침 • 48
가자, 참 민주의 길로! • 50
용오름으로 • 51
쇠바퀴의 꿈 • 52
철도 중단점 • 53
바람의 이정표엔 →표가 없다 • 54
용왕님 전 상서 • 56
4월, 팽목항의 절규 • 58
진도의 약속 • 60

3 역사의 길에서

역사는 침묵의 반대편에 • 68
고창의 고인돌군群 • 69
강화도 고인돌 • 71
폐허를 찾아서 • 73
나비되어 날아라! • 74
Become a Butterfly and Fly! • 76
▲가 ■에게 • 78
731부대의 실험현장 • 80
6월의 시 • 82
June Poem • 84
꽃으로 피는 사랑의 혼 • 86
The Spirit of Love That Blooms as a Flower • 88
축복의 꽃 • 90

4 낯선 길에서

예원豫園의 돌담장 • 96
양자揚子가 보내는 황사黃砂 • 98
지팡이 • 100
산안개 • 101
그냥 그렇게 • 102
새 없는 숲 • 103
문門 • 104
신선 • 106
짐꾼 • 107
이승의 마지막 꽃 • 108
흙꽃 • 110
양귀비 • 111
하비루夏婢樓에서 • 112
바람나고 싶은 밤 • 113

5 그대, 세상의 길에서

천지에 장경 • 118
누구라도 • 119
나이아가라 폭포 • 120
기쁜 슬픔 슬픈 기쁨 • 121
지식은 똥 • 122
소록도가 사라졌다 • 124
오호라, 단양 • 126
수의壽衣 • 127
슬픔 뒤에 오는 슬픔 • 128
우이동에 가면 • 130
의홍이 형 • 131
가을 뜻풀이 • 132

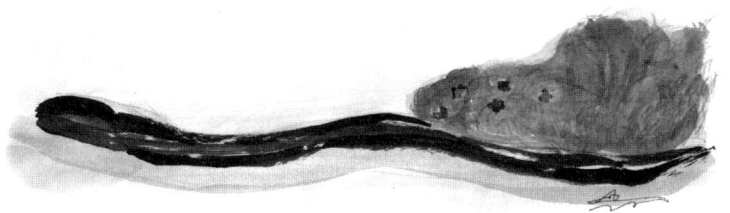

붉어라, 붉어라!
붉어, 짓이겨져라!
달여진 가슴에서 꽃 내 나도록!

-<모란에게> 중에서

1부

나의 길에서

내가 하고 싶은 것

장기수 사상범이 되는 일
감옥에 오래 갇혀 차려주는 밥 먹고
볕 좋고 안전한 쇠창살 아래서 걱정 없이
읽고 싶은 세상의 책 다 읽기

팜므파탈이나 웅녀가 되어
정신없이 몸을 부숴버리는 독침 같은 사랑하기
옴므파탈이나 변강쇠를 난장에 꼬셔내어
보기 좋게 걷어차 버리기
위선과 계산으로 짝 맞추는 유치한 사랑 박살내는
혁명 같은 사랑하기

악마에게 영혼을 파는 일
단 한 편의 마지막 시나 소설을 걸고,
단 한 번의, 몸서리 쳐지도록 찬란한
가시나무 새의 울음 울기
혹은
일생에 단 한 번 피워 올리는
백년초나 대나무 꽃 같은,
끝내는 찬란한 울음 배어나오는
단·한·편·의·시·쓰·기

모란에게

타올라라, 타올라라!
불타올라라,
슬픔이 찬란해지도록!

붉어라! 붉어라!
붉어, 짓이겨져라,
닳여진 가슴에서 꽃 내 나도록!

그놈 목소리

'나의 실패는 너를 얻지 못한 것이었어.
죽어도 너를 포기하지 말았어야 했는데…'
자서전의 첫줄에 새겨질 문장이라면서 협박하고

포기 할 것이 어디 그 것 뿐이더냐고
눈 감고 귀 막고 고개도 넘고 물도 건너고…
사노라면 잊힐 날 있으리라던

꿈이라든지 희망이라든지…
걸러내고 솎아 내어가며 도랑 건너뛰며
사는 게 거기서 다 거기라고 여길 쯤
왼쪽 가슴께 구멍을 뚫던
'죽어도 포기 못 한다' 는 그 말,
철통방어로 한참을 건너온 세상
그 사이 뚫고 가끔씩 들어오는
그 오살 놈의 목소리
염병
할!

삶이란 그 지독한 놈!

짐승의 시대

단전 아래 여우 굴에
구미호 한 마리 숨어 살고 있어
한 때는
인생이 사타구니 근처에 달려있다고,
한 때는
전생이 공주이니 이생도 공주라고,
다만, 피가 붉은 천사라고,
재주 한 번 넘을 때마다
수시로 바뀌었던 한 시절들

여우 굴도 오래 되어
이무기 용 될 때가 되었는지
재주에도 이골이 나 세상만사 뻔하다
앉은 자리 그 자리가 중심이고
가는 자리 그 자리가 온통 꽃밭이며
만나는 사람마다 친구이며 동행이다

사람을 일러 머리 검은 짐승이라지만
짐승도 짐승 나름
순한 짐승이 되어가는 이즈음
문득, 그 시절이 그립기도 하다

살 빼기

느는 줄 모르게 늘어난 군살
부르짖을 주장도, 힘주어 흔들어댈 이유도 없이
쓸데없이 굵어진 팔뚝 살
먼 길 갈 일도 없는데
터무니없이 튼튼함을 뽐내는 허벅지 살
명분 안 되게 주워섬기는 나잇살
어느 사이 똥배로 굳어버린 뱃살
설상가상으로 늘어나는 주름살까지

찌는 줄도 모르게 쪄 버린 살들에게
알게 모르게 몸도 마음도 점령당하고
각종 다이어트와 절식, 금식을 거쳐
채식菜食에 소식小食에 날마다 벌이는 전쟁

몸에 낀 헛살 군살,
허세와 위선으로 마음에 낀 기름기
욕심과 갈등에 칼질하기

살肉이 살煞되어 살殺처분 당하기 전에
서둘러야 할 마음의 살 빼기

프로포즈의 추억

키 큰 나무아래 서면
'난 한번 시작하면 최소한 십년인데, 버틸 자신 있어요?'
키 큰 나무 둥치에 밀어붙이고
팔을 둘러 가두고 구부정하게 내려다보며 하던
그 말,
나무 둥치 어디에 새겨졌는지
봄만 되면 뾰족뾰족 새순으로 돋아난다

떠나보내 놓고
십년을 서너 번 넘는 시간이 지났어도
키 큰 나무만 보면 떠오르던
그 목소리, 타오르던 그 눈빛,
계절이 바뀌어도 살아나
넓적넓적 잎 피우고 너울 댈 때마다
'꼭 십년이어야 하니?'
'아직도 십년이 안됐을까?'

십년을 여러 번 넘긴 지금도
키 큰 나무 길에 서면 두근두근
키 큰 그 남자 너머로 보이던 하늘에 대고
십년을 여러 번 넘긴 내 안의 세월을 띄워보낸다

이름값

소학골 교우촌 성지순례 다녀온 독자가 보내온
몇 장의 봄 이미지 속
'우산나물'은 정말 우산나물 같고,
'홀아비 꽃대'도 정말 홀아비 꽃대 같다
누군가는 홀아비 꽃대 옆에
'이름 때문에 눈여겨보지 않아 서럽다'는
글귀를 써 세워놓았지만
나는 그 이름 때문에 다시 눈여겨 본다
다시 보아도 정말 홀아비 꽃대 같다

'權千鶴'이란 이름 때문에 저절로 붙은 나의 별명
'천마리학'
학鶴 부자이기도 하고,
높고 고상하여 외롭기도 하다

'홀아비꽃대'든 '우산나물'이든
이름대로 사는 것인지
사는 것이 이름을 만들어가는 지 확실하지 않지만
'權千鶴'이든 '천마리학'이든,
늘 빚 진 기분이다
최소한 이름만큼은 살아내며 치러야 할 이름값

가을 참회록

혹시 내가 널 먹지 않았니?

천지 사방에서 뒤척이며 수선대는 갈잎소리
내가 널 딛고 올라서지 않았니?
내가 널 다치게 하지 않았니?
내가 널…, 내가 널…

씨앗 심고 모종하던 호미 끝에
욕심 심고 원망 심지 않았는지
새싹 움튼 그 자리에 양심을 꾸러 박지 않았는지
천둥번개 으르렁대는 여름 들판 건너려고
함정을 파 너를 무너뜨리지 않았는지
썰렁한 밤 데우려고
널 부러트려 불쏘시개로 쓰지 않았는지
아늑해야 할 너의 잠을 훔치지 않았는지
내 창고 채우려고 네 주머니를 털지 않았는지

물들어가는 내 몸, 너의 아픈 멍이었을지도
붉어있는 내 몸, 네가 흘렸던 피였을지도

버려야 할 때가 되어서야
트이는 귀

배신의 축배

바람에 잎이 진다
흔들리는 나무를 미련 없이 떠나버리는 배신이다

한 때 친구였던 그들도 나를,
시본느 드 보봐르, 프랑소와즈 사강, 까미유 끌로델, …
사랑이 착각임을 몰랐을 때 맞장구 쳐주던 그들,
언제인가 모르게,
사실은 내가 먼저,

겨울을 눈물로 보낸 후에야
나무에게 새잎을 피워내는 봄이 오듯,
끝까지 깨우치는 건 명치끝에 고이는 처절함이고
혼자 흘리는 눈물만이 그 처절함을 씻어줄 뿐,
다 읽은 책은 휴지통에 처박아버려야 해
마음을 놓아서는 안 돼
지금을 믿어서도 안 돼

인생길 어느 구비, 저만큼에서 우연히 마주치면
친구였던 그 한 때를 슬며시 웃어주며
가볍게 축배를 들고 돌아서서
떠나야 해

또 다른 배신을 향하여!

하지제 夏至祭

그 계절엔 항상 목이 말랐다
물은 차고 생각은 설익어 설사는 계속됐다
젊음은 항상 시들어버린 장미 같거나
꽃 진 자리에 돋아난 가시였다
먼 꿈을 꾸는 일에서 손을 씻고 싶었지만
그럴 겨를이 없었다
고열에 시달리는 의식은 건조했고
밤은 날마다 짧아져갔다

물은 끓여먹고 음식은 익혀먹고
손을 깨끗이 씻으라는 의사들의 충고는
성경구절에나 박혀있는 잠언 같았다

감자꽃 대궁이를 쑥쑥 밀어 올리는 결핍과 외로움은
초여름 장마에도 떠내려가지 않고 끈질기게 남아
발목을 걸어 자꾸만 넘어뜨렸다

물의 온도만큼 체온을 눕혀가며
목숨을 일으켜 세우고
오한에 떨면서도 별에 다다르고 싶었다
손에 닿을 듯 닿을 듯
닿지 않는 별

운두령

산아낙이 끓여내는 마가목 차 향기가
길 위에 선
나그네의 길 안내하는
운두령
강물소리도 시끄러워 멀리 물줄기 휘둘러 보내 놓고
산자락 여며 잡고 참선에 든
개방산 아래
그윽한 솔바람 스며드는
너와지붕

감자꽃 대궁이 올려 미는
추녀 끝에 맴돌던 차 향기가
오늘은
속세에 지어놓은 내 집 창가에 내려와
마음밭 쟁기질하며
몽글몽글
구름 피워 올린다

봉평 가는 길

무이계곡 지나면서
다문다문 메밀밭 눈에 띄어
옛정취 맥 이어 그나마 다행이다싶은데
시골 막국수집 유리문 한 귀퉁이에
막국수보다 헐값으로 치인
'효석의생가터'라고 쓴 어눌한 쪽지
낡은 위패만큼이나 초라한 모습으로 붙어있다

막국수 집을 나와서
가산공원을 지나
어설프기 짝이 없는 안내판 하나
버려진 듯 부끄럽게 서있는 낯선 다리목
설레던 마음은 쓴 입맛만 다신다

손질 안 된 채 잡초 우거진 시골길
허술한 다리 건너 콩밭 길 사이로
팻말도 없는 길을 찾아갔더니
물레방아도 멎어있고 시비도 덧없이 쓸쓸하다

수타계곡

초록의 여름 속살 씻어내며
자근자근 밟아내리는
수타골 물소리
나즉한 게송으로
골짜기 도는데
한차례 소나기가
벗은 여름의 허리를 적시고 갔다

태기령

홍천에서 평창으로 가는 길
태기령을 넘을 때 돌아보았다

산, 산, 산,… 숨이 막힌다
파장한 홍천 땅 산 구비에 본전 밑진 삶을 묻고
영嶺 너머 봉평장으로 떠나는 장꾼들
평창으로 넘어가며 한 소큼 숨 돌리면
땀내 밴 바람도
이쯤에서 쉬었으려니
인생길 구비 구비 첩첩
오르막이거나 내리막이거나
슬픔이거나 절망이거나
늘 숨 막히더니
슬픔도 이렇게 높이 올라와보니
서늘한 바람이고
절망도 이렇게 높이 올라와보니
먼 아름다움이구나

가산공원에서

내 쓸쓸함이 당신에게 무슨 위안이 될까
당신의 쓸쓸함이 내게
단단한 돌덩이 하나 더 얹을 뿐인데
한 시대를 대표한 문학인을 팔아
우리, 감자술 한 잔이라도 아리게 걸치고 나면

거나해져서 우리가 날개가 되어버리면
거나해져서 우리가 시위 떠난 바람이 되어버리면
당신은 내게, 우리에게, 시대에게
깡그리 잊어 달라, 차라리 놓아 달라 부탁만 하고
그런 당신을 감아 안고
매밀 꽃 뭉개며 쓸어지고 싶어, 차라리
물레방아 휘감아 돌리는
달빛으로 쏟아지고 싶어, 나는

날개도 달빛도 되지 못하는
내 허망함이 당신께 무슨 위안이 될까

효석의 생가 터에서

청궁밭 지나서 구불구불
고추밭 머리
둥그스럼한 돌덩이로 얹힌
'가산의 생가 터'

열무 싹보다 더 여린
문학의 싹이 터 잡은 곳
'가산' 보다 열무 흥정에 더 조예가 깊은
생가 터 지킴이 외딴집 아낙네
나무랄 이유 없어
괜스레 고추밭 위를 뛰어다니는
햇살만 나무라며 돌아섰는데
알싸한 청궁 냄새
가산이 피운 문학의 향기 일깨우고
여름의 길 끝까지 소독내 풍기며
따라오고 있었다

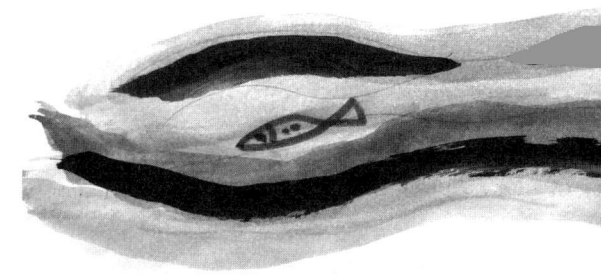

생각이 있다한들 전달할 방법이 없다면,
뜻이 있다한들 담아낼 그릇이 없다면,
혀가 있다한들,
눈과 귀가 있다한들,
글이 없었다면,
모국어가 없었다면,

-<한글로 짓는 영혼의 집> 중에서

2부
대한민국의 길에서

무궁화

새벽녘 희붐한 유리문 밀고 뒤뜰로 나서면
포름한 옥양목 두루마기에 갓 쓴 선조 할아버지
서 계신다
무궁화!

피고 지면서 지고 피면서
시든 꽃송이조차 매달고 서서
떠나와 살고 있음도 잠시 잊게 하는,

지고 피면서 지고 피면서
동해물과 백두산이…
아 대한민국!

시집장가 들어서 우리 오남매 길러내시느라
피고 지고 피고 졌을,
90 넘어서도 피고지고 지고 피는
우리 부모님!

대한민국에게 보내는 밥상

눈이 눈답게 쏟아졌다
순식간에 앞뜰 뒤뜰, 길이 덮이고
건너편 집 지붕들이 덮이고…
그 사이 밤도 하얗게 덮여
아마 지금쯤 광장도 하얗게 덮혔으리라

새 세상을 여는 경건한 이른 아침에
뒤뜰 발코니, 침엽수 아래
눈 한 상 잘 차려놓기까지 했다

재바른 다람쥐가 기웃거려
이른 아침을 훼적인다

저 조용히 깨끗하고,
조용히 뜨거운 위로
조용히 내려앉는 피톤치드!

사뭇 숙연해지는 저 눈 밥상을
모든 들끓는 세상에게,
펄펄 끓는 대한민국에게 보낸다

한글로 짓는 영혼의 집
-제2회세계한글작가대회

나는 늘 어머니의 혀 위에 자리 깔고 논다
자며 깨며 놀며,
생각하며 말하며 쓴다
ㄱ ㄴ ㄷ ㄹ …
ㅏ ㅑ ㅓ ㅕ …
서로 기대고 받치고 세워가며
기둥삼고 지붕삼고 짓는 집
나는 오늘도 영혼의 집을 짓는다

생각이 있다한들 전달할 방법이 없다면,
뜻이 있다한들 담아낼 그릇이 없다면,
혀가 있다한들,
눈과 귀가 있다한들,
글이 없었다면,
모국어가 없었다면,

꼬부랑 글씨로 꼬부랑꼬부랑 달리는 타국에서도
나는 굳이 한글로 말하고 쓸 수 있으니
제아무리 달달달 외우며 달린다한들
나를 이토록 온전히 받쳐주는 것이
어디 어머니의 혀만 하랴

세상의 6천 개가 넘는 언어 중에
한글이 오똑하게 서 있으니
나 또한 내가 지은 영혼의 집 속에서
오똑하게 살아있으리

모국어여!
한글이여 영원하라!

7월 장마

  천지사방,
  낯선 곳으로부터 밤낮없이 밀려오는 찬 기류들이 간간이 낮은 구름들을 만나 저기압을 형성하더니 곳에 따라 집중호우가 예상되면서 장마가 시작되었고 일교차 심한 젊음이 몸살과 불면으로 부대끼기 시작했다

  내 젊음의,
  고온다습한 피가 더욱 뜨거워지는 7월, 여름이 되면서 수온은 예년보다 높았고 흐린 날과 갠 날이 반복되는 조울증도 일찍 찾아왔다 곳에 따라 들이닥치는 집중호우로 상습침수지역인 가슴 밑바닥엔 펄이 쌓여갔고 습지식물로 자라던 나의 시는 뼈다귀만 남아 축대 부실한 갈비뼈 아래로 굴러 떨어져 무너져 내리는 살점들을 떠받쳐야 했다

  불면의 밤마다,
  볼모가 되어버린 희망은 배수로 막힌 세상의 막장까지 떠밀려가면서도 거기 하류로 떠내려 온 쓰레기들 속에서 눈 뜬 목숨들 거두어 기둥삼고 유실된 농경지에 뿌리 든든한 수종으로 골라 심으며 먼 바다를 향한 항해를 멈추지 않았다

7월 장마,

천둥번개 동반한 일기불순으로 근육은 더욱 야물어지면서 흘러 흘러서 도달한 강의 하류, 눅진눅진 얼룩진 살점 아래 덧 난 상처들 제풀에 아물고 뼈마디 소리 없이 굵어지는 장마 때 마다 펄 밭에 내린 뿌리 단단해져서도 아직도 더 가야 도달하는 먼 바다의 길

태풍속의 배 한 척,

일교차 심한 내 청춘을 관통하여 먼 바다로 나가는 물의 길을 따라 긴 격정의 우기를 보내고 나서야 도달한 강의 하류 바람에 흩어진 머리카락 가닥 잡고 기울어진 돛대 바로 세우며 강의 하류가 바다에 더 가까운 곳임을 알게 된,

오! 내 청춘 7월의 장마

신의주 세미나에 가는 아침

그놈의 늦잠!
용산역에서 잰 걸음으로 아침 7시 기차를 겨우 탄다
차창 밖의 풍경들이 휙휙 급하다
7시 40분쯤 문산을 지날 때 배에서 꼬르륵,
금강산도 식후경이라는데
이미 금강산은 북한산만큼이나 쉽게 다녀올 수 있지
도라산 역에서 잠깐 내려 아침을 먹고보자
이 좋아진 세상에 건강이 우선이지
도중하차 하여 플렛폼에서 에스컬레이터를 타고
대합실 쪽으로 오르는데
그 동네 사람들 출근하는 모습 보인다
이 시간에 상행열차가 붐비는 걸 보면
북쪽으로 출근하는 사람들도 꽤 많다
엘리베이터 앞에서
식당가가 있는 7층의 버튼을 누르는데
배꼽에서 또 한 번 꼬르륵,
아침식사 전문인 '함흥식당' 주인 개성아줌마가
'이번에도 피양 가십네까?'
반갑게 인사하며 맞이한다
마침 창가에 자리 하나 있다
평양식온반으로 아침을 먹고 9시 기차에 오른다

느긋해진 마음으로 세미나 초청장을 꺼내어 확인 한다
'세계문학인 쎄미나, 신의주 문예회관, 2월 경칩일,
오후 1시, 남북한 통합대표문학인들과 세계의 문학
인들이 모여서…'
신의주에 12시경 도착이니 시간은 충분하다
'세미나 끝나면 오랜만에 만난 문우들과 어디 가서
뒤풀이 할까, 짐부터 찍어놔야겠군, 지난 번 회의 때
갔던 '평양 중앙로'의 '목포식당'에서 얼큰한 해물탕
에 쐬주 한 잔 하며 회포를 풀어야지'
비로소 마음이 푸근해진다
창밖의 풍경도 푸근하다
그 사이 개성을 지나고 있다
낯익은 산들이 히끗히끗 눈을 덮고 있다
서울에서는 다 녹아버린 눈
하긴 남쪽에선 매화봉오리 터졌다는 뉴스가 있었지
부산의 조 시인이 꽃샘주 하자는 전화도 왔었지
대동강 물도 풀려 개구리들이 깨어났으니
세미나 끝나고 대동강 물결 위에 배 띄워보자고
평양의 시인동무, 카톡연락도 왔었지
등받이에 깊숙이 기대어 눈을 감는다
평양행 기차 안에서

가자, 참 민주의 길로!

어둠을 뚫고 바람에 흔들려가며
타오르는 마음에 촛불 밝혀들고,
오체투지로 간다 참자유, 참민주를 향해서
종로네거리, 을지로, 청계천, 퇴계로,
한강다리를 건너 온 용산길까지
동대문 서대문 남대문…, 마음의 문까지
문이란 문, 길이라는 길 다 열어젖히고
마음과 눈과 귀 활짝 열고
몸속의 실핏줄까지 꿈틀꿈틀 깨워서
서로 팔 걸고 어깨 걸고 벽을 허물며
추위 속에서 잉걸불로 타오르는 촛불의 강을 건너
참 자유, 참 민주 새 대한민국 건설의 불,
닿아야할 그 길 밝히는 횃불 봉화가 되어
어둠을 뚫고 바람에 흔들려가며
간다 간다 간다 천리길이라 해도
간다 간다 간다 뼈가 보이도록 기어서라도
닿아야 할 그 길 끝의 새 대한민국을 향하여

용오름으로
−壬辰年 새해아침의 시

새해로고!
빛이로고!
불혹 지나 첫발 내 딛는
첫 아침이로고!

때로 패인 웅덩이를 지났으나
때로 돌팔매도 날아왔으나
뚫고 나아갔기에
불혹에 닿았느니,

들메끈 조여매고
벼리를 움켜쥔 손 힘주어
다시 새날을 열자
둥 둥 둥

주먹 불끈!
뛰자!
내닫자!
용오름으로!

쇠바퀴의 꿈

기적 울릴 때마다 꿈을 꾼다
오늘은 닿을 수 있을까
돌아설 때마다 꿈을 꾼다
언제 만날 수 있을까

강을 건너기도 전에 묶이고 마는 발길
일어서기도 전에 꺾이고 말았던 무릎
아, 낡은 수첩 속
지워지지 않고 달려온 길 몇 천리

가자!
달리자!
어혈진 기억들 속에
아직도 몇 냥쯤 남아있을 생피
유품이라도 싣고 가자!
재두루미 떼 환하게 날아오르는
들판으로

늘어진 인대에 무거워진 제 몸무게
되 싣고 떠나야 하는
늙은 쇠바퀴의 꿈

철도 중단점

대광리 지나 신탄리에 도착하면
돌아서야 한다, 우리는
낡은 이념의 누더기 위에 누워
더욱 질겨진 잡초의 근육
근육질을 일으키는 무쇠바람에 발길 휘감겨
길은 뻗어있어도 더는 못 가는
철도중단점

우웅우웅 안개가 울고
쏴아쏴아 바람이 울고
뚜우뚜우 늙은 바퀴가 운다

끊긴 발길 속절없는
늦가을 한기에
돌아서는 마음을 배반하는
바람과 새의 이데올로기만이
자유, 자유로운…

바람의 이정표엔 →표가 없다

들꽃 산짐승 길 잃은 승냥이까지
소문처럼 다녀가는 철조망 근처
각혈하며 내지르는 바람의 비명이
골절된 마디마디에 총알로 박혀있는
비무장 지대

찢어버린 일기장에서 튕겨 나온 탄피들
아직도 덜 지워진 이름을 지키고 있는데
무성한 지뢰밭 사이로 난 길을
난치병의 역사 속에서 수입된 먹이로
웃자란 풀잎 병사들

총알받이 앞잡이가 되어
아슬아슬 걷고 있는 발걸음 뒤에
소리 없이 겨누고 있는
또 하나의 총구

그 날 이후
부질없이 삭아가는 낡은 이념의 아우성으로
성장을 멈춘
붉은 쇠말뚝 위에 걸터앉아

눈감을 수밖에 없는 바람,

녹 슨 세월만 되감아 올리는
바람의 이정표엔
안내해놓고 뒤통수치는, 길들여놓고 찌르는
그 →표가 없다

용왕님 전 상서

 용왕님, 제발 우리의 아이들을 어여삐 보아 주십시오.
 고녀석들, 이제 막 꽃피는 열여섯, 열일곱살의 철부지들입니다.

 진도 앞마다 팽목항, 당신의 나라 맹골수도, 용궁의 문전에서 길을 잃은 녀석들을
 용왕님께서 볼기 한 대씩 철썩 붙여서 돌려보내주십시오.
 돌아와 할 일이 많은 놈들입니다.
 돌아와 대학도 가야하고, 이 나라도 끌고 가야할 놈들입니다.
 아직 철은 덜 들었어도 이제 막 꽃을 피우려고 하는 꽃송이들입니다.

 때로는 부모속도 썩이고, 때로는 친구들과 다투기도 하고, 때로는 공부시간에 카톡도 하고, 때로는 선생님들 애를 태우기도 한 녀석들입니다.
 그래도 꿈은 야무져서 우리의 빈속을 달래주는 든든한 기둥들이었습니다.

 용왕님, 이제 고만, 차디찬 물속에서 정신을 차렸을

것입니다.
　그러니 제발 돌려보내 주십시오.

　이곳에서 새끼를 잃은 어미와 애비들이 혼절하며 기다리고 있습니다.
　누나, 형, 동생들과 친구들 그리고 대한민국이
　살점 떨어져나간 고통을 안고 기다리고 있습니다.
　돌려보내 주시면 이제 저희가 혼을 내겠습니다. 저희가 야단치겠습니다.

　때마침 예수님의 부활절 고난주간,
　노인과 장애인의 발을 씻기는 교황의 세족식을 보며,
　휴가를 피눈물로 보내고 있습니다.

　용왕님, 죄 많고 뻔뻔한 저희들을 절대로 용서하지 마시고, 다만 아이들을 어여삐 여기셔서,
　이제 부디 돌려보내 주십시오
　제발 기적을 보여주십시오.

2014년 4월 19일
부끄러운 대한민국 국민 올림.

4월, 팽목항의 절규

아무리 상처가 보석이 된다지만
이건 아니다
우리는 지금
조개의 몸에 보석의 씨를 심은 게 아니다

생목숨을 물속에 처넣고
펄펄 살아 애타게 뻗어 올린 손 들을,
믿고 기다리던 생 몸뚱이들을,
무지와 몰염치의 쇠망치로 까뭉개고 말았다

까뭉개진 파편들이 우리들 심장에 박혀
오래, 아주 오래 오래
함께 아프다, 아파야 한다

혹독한 얼음을 뚫고 피어난 겨울 꽃이
아무리 아름답다지만
이건 아니다
우리는 지금 탐욕과 사악함으로
얼음을 뚫고 올라오는 꽃봉오리들을,
희망의 모가지를 뽑아버렸다

이제 우리는 사람 될 자격을 상실했다
이제 우리는 어른이 될 자격을 상실했다
으깨어진 꽃잎의 마지막 향기 앞에
무참한 희망 앞에
무릎 꿇고 빌고 빌어야 한다
연자 맷돌을 지고
정신의 흰 뼈가 드러나도록 돌고 돌아야 한다

살점 떨어져나간 그 부두 바다 끝
5월도 가고 6월이 되어도, 또 세월이 흐르고 흘러도
피울음의 4월이 떠나지 않는
아, 팽목항!

진도의 약속
-명복을 빌며

타다 만 그 바다, 그 하늘 그대로 다 남아있다
타다 만 그대들 역시 우리 가슴에 그대로 남아있다
사라진 것이 아니라 더 깊숙이
눈에 보이지 않게 더 가슴 깊이 박혀
우리 속에 있다

지금 일렁이는 파도는 그 파도가 아니지만
여전히 희망이 남아있다고
아직도 우리에겐 뜨거운 희망이 남아
출렁이고 있다고 말하고 있다

4월이 간다 그러나 다시 올 4월에는
상처로 패인 가슴엔 듯, 새싹을 티우며
다시 올 것이라고

그 약속을 믿는다
타다 만 그 바다를 보며
그 하늘 아래서

나물 뜯던 봄 언덕에 나풀나풀
냉이 꽃 피던 보리밭 이랑에 남실남실
바람결 스치기만 해도 볼 붉어지던
순결한 작은 여자

-〈나비 되어 날아라〉중에서

Flap your wings over the spring hillside
where you once gathered greens,
The shepherd's purse flowers in the furrows
of the fields of barley trembling in the breeze.
A little girl so chaste,
The passing wind would bring a blush to her cheek.

    – excerpts from "Become a Butterfly and Fly!"

3부
역사의 길에서

역사는 침묵의 반대편에

역사책에서 침묵은 가장 큰 표현의 언어다
만일 불평불만이 없는 시대가 있었다면
'살기 좋았다' 나 '파라다이스' 혹은 '요순시대'
그 한 마디면 된다
조용한 시대는 기록이 없어 불충분한 역사가 되고
기록 많은 시대는 불편한 역사가 된다

고난과 위험, 갈등과 분쟁… 등으로 점철되고,
다양한 언어와 평가가 긴 문장으로 기록된
불편한 역사의 기록 안에서
'파라다이스' 혹은 '요순시대'에서 생략된
'시대'가 보이고, '사람'이 보인다

역사를 공부하고 가르치는 일은
'시대'와 '사람'을 배우고 가르치는 일이다
그러므로
기록 많은 페이지의 배경이 되는
침묵의 페이지를
더 깊이 살펴봐야 한다

역사는 늘
침묵의 반대편에 서 있다

고창의 고인돌군群
– 침묵의 이정표

끝내 열릴 것 같지 않던 어둠의 터널
완강하게 막아서던 빛에 눈멀고
대물려 묵힌 종갓집 간장 같은 침묵이
가슴을 짓누른다

한 천 년쯤은
살을 털어 물로 보내고
뼈는 갈아 흙으로 보내고

한 천 년쯤은
바람소리 휘휘 감아올리는 귀를 열어
빛의 수레바퀴에 걸려 넘어지는
떫고 시린 세상소리도 들었고

또 한 천 년쯤은
목젖 떨리는 말들을 꿀꺽꿀꺽 삼키며
덮고 누운 흙 이불 위에
무덕무덕 들꽃으로 피워 올렸으니

이제는
주저앉은 채 말하지 않아도

일어서는 돌, 선돌이 되고
드러누워서도 생사를 떠받치는
굄돌, 고인돌 되어서
들꽃 같았을 한 세상 접고
또 한 천 년쯤 다시 견뎌야 할
바람의 화석
그 물결의 이랑 위에
한 덩이 침묵의 이정표로 선다

강화도 고인돌
- 선사의 들녘에서

아직도 말 못하는 무엇인가가 있겠지요
차마 쏟아내지 못한 혹은
다 살아내지 못한
무엇인가가
울창한 시간의 들녘에서
수없이 뜨고 지던 선사의 저녁답
무망한 기다림에
검은 녹이 피어버린 넋이
아득하여
무겁게 눌러두어야 할 무엇인가가

그 몸짓을 보면
이름을 묻지 않아도 알 듯한 혹은
아무리 말해줘도 모를 듯한
물안개 같은 생애가 서려있고
건너온 몇몇 전생에 아직도 반쯤 몸 담근 채
바람은 여전히 그 바람일까
허공에 문을 내고 여닫는 하루하루
뜨고 지는 해의 길 여전한데
살아내지 못한 생애와
못다 한 말 아직도 저렇게 뚜렷하고

극진했던 한 시절을
차마 못 잊어

못 떠나는 까닭이 참 쓸쓸하네요

폐허를 찾아서
-731부대근처의 군수공장터에서

풀밭을 걸었다
밟힌 풀에서 나는 풀냄새가 향기로웠다
그날의 피 냄새는 어디로 갔을까

두 가닥 철길 녹슬어가는 시간위에
증오처럼 무성한 악몽
몸살 두통 감기 호흡곤란 화장실
자주 들락거리는… 후유증 여전한데
그 땅에 밴 피비린내
씻고 씻어도 씻기지 않는 몸부림

폐허 굴뚝 위에 떠도는 구름 또한
무심하지 않았고
핏물 밴 땅에 뿌리박은 민들레
연신 새싹 내고, 철마다 핏물 걸러내어
노랑꽃대 피나게 피어 올리고 있었다

나비되어 날아라!

딸아!
오, 대한민국의 딸아!
우리 누이야!
얼마나 춥고 힘들었느냐!
뼛골 쑤시는 검은 역사의 밤을 견디느라
얼마나 외로웠느냐!

오래 걸려 날은 밝았으나
아직도 먼동
어느 한 귀퉁이 그늘 드리워진 새벽이다
그러나 기어코 봄은 왔다

무쇠바퀴 달리던 침목 아래 틈서리에서
가냘피 솟아오르는 실뿌리 한 올
그 대궁이에 노란 민들레꽃
피워올리는구나

나물 뜯던 봄 언덕에 나풀나풀
냉이 꽃 피던 보리밭 이랑에 남실남실
바람결 스치기만 해도 볼 붉어지던
순결한 작은 여자

찢어진 치마폭, 가슴의 멍울
어찌 잊을까만
피눈물로 여몄던 치마폭 다시 펼쳐
햇살 가득 품어 안으렴
그 따스함으로 피멍울 풀어내고
이 봄날
나비되어 화사하게 날아오르렴
딸아!
오, 대한민국의 딸아!
우리 누이야!

Become a Butterfly and Fly!

Translated by
John Mokrynsky and Hana Kim

Daughter!
Oh you daughter of man!
Sister!
How cold and hard it must have been!
How lonely it must have been
To withstand that night
Of dark history that aches to the bone!
Although the sun has risen slowly,
It's still the break of dawn,
a morning with a corner darkened by shadow,

But spring has indeed come!
From between the railway ties over which cast iron wheels once ran,
A slender shoot soars up.
Oh look, there's a yellow dandelion flower
Blooming on its stem!

Flap your wings over the spring hillside where you once gathered greens,
The shepherd's purse flowers in the furrows of

the fields of barley trembling in the breeze.
A little girl so chaste,
The passing wind would bring a blush to her cheek.

Although you can't forget the torn skirt,
The bruises on your chest,
Now open again the skirt you tidied with tears of blood
And let the sun shine in.

Unlock the clot of blood with its warmth.
On this spring day
Become a Butterfly, and fly up in glory.

Daughter!
Oh, daughter of Korea!
Sister!

▲가 ■에게
−안중근이 이토히로부미에게

파고든다, 파고든다, 파고든다
구천을 돌아 뼈 속까지 파고든다
동토의 얼음 금가는 소리
먹장구름 하늘을 쪼개는 천둥소리

방아쇠를 당긴다
평화, 정의, 자존의 삼위일체로 이룬
▲가
야욕, 잔혹, 허기, 광기로 네 구석을 채운
■를 향하여
탕, 탕, **탕**, 탕, **탕**, 탕, 탕
1909년 10월 26일
유랑의 하얼빈 아침이 깨어난다
시계는 9시에 멎는다

일순 정지!
숨 막히는 정적
섬광이 긋고 지나간다
적의 심장에서 번져나는 검붉은 피꽃!
오, 너의 가슴에도 피가 있다니!

코레야 우라~ 코레야 우라~ 코레야 우라~
외치는 만세삼창
천지간에 무궁화 꽃잎 흩날린다

짓밟지 마라
더 이상 분탕질 하지마라
아직도 핏물 번져 나오는 역사책 갈피
잘못된 글줄에서 벗어나라
멎었던 그날의 시계가 다시 살아나
평등과 존엄의 역사가 굴러가게 하라
미완의 동양평화가 이루어지게 하라
눈 먼 막장에서 깨어나라

*▲는 안중근 의사가 중국 헤이룽장성의 하얼빈 역 플레트 폼에서 이토히로부미伊藤博文를 저격한 자리의 표지.
*■는 이토히로부미가 저격당한 자리의 표지.
*'탕, 탕, 탕, 탕, 탕, 탕, 탕'은 일곱 발의 총알 중 히로부미는 1, 3, 5 번째의 세 발을 맞고 쓰러졌다.
*'코레야 우라!'는 Корея! Ура!로 '대한민국 만세'의 러시아어.

731부대의 실험현장

1,
정육점에 다녀왔다
도살장에서 막 배달된 심장, 간, 밥통, 쓸개…
온갖 내장들이 쇠막대기에 걸린 채
따끈따끈하게 김을 피우고 있었다

꼬챙이, 쇠막대기, 핀셋, 망치…
줄자, 실험용 컵, 비커, 저울…
벽에 걸린 설명서들…

토악질이 나왔다
침조차 뱉을 수가 없어 꿀꺽 삼켰다

2,
화학용액이 담겨있는 사각 스테인리스 설거지통
닭튀김가게에서 보았던 그 튀김통 앞에
하얀 가운을 입고 둘러 선 일본군의관들
게중엔 안경을 끼고 근엄하게
누군가는 뒷짐을 지고 폼 나게
흰옷에 흰장갑 기록노트를 든 저승사자들
금방 펼쳐질 장면을 입맛 다시며 기다린다

쇠막대기 든 남자에게 끌려나온 퍼머머리 아줌마
이미 산목숨이 아닌 채
단지 살아있다는 죄로 이름도 모를 공포에 덜덜,
한 마리 가련한 짐승일 뿐,

실행! 쇠막대기의 지시에 따라
공포의 퍼머머리 아줌마는 팔을 설거지통에 담근다
10초도 안돼서
비명과 함께 들어 올리는 두 팔,
팔이 아닌, 살이 녹아 없어진 팔뚝뼈 한 켤레
살아있는 해골이 된…

그리고 나는 쓰러져버렸다

6월의 시
-현충일에 부쳐

호박꽃 초롱에 개똥불 밝히고
남몰래 외로움을 키우던
아들아,
청보리 익히는 바람결에
역사의 늪은 깊어만 가는데,
꽃다운 너희들의 순결한 피와 흰 뼈 묻힌
6월의 산야에 귀 기울이면
들려오는 소리
잊어서는 안 된다
결코 잊어서는 안 된다!
뼈를 깎는 그 소리
오장이 떨려 말할 수 없어
보릿고개 허기를 샘물에 동동 타 마시고
청올치 질긴 가닥으로 살았던
우리네 목숨
삐비꽃 피는 언덕에서
속절없이 바람만 불어온다 한 들
누구라도
풀꾹새 우는 뜻을
눈물로 새겨듣지 않으랴
초여름 보리누름에 오금이 쑤셔

밭둑길 내닫던
아들아,
개구리 논배미 물꼬 터놓고
눈물 고인 목울대 씻어내어도
아물길 없는 그 날의 아픔
아카시아 꽃자리 메꾸며
차오르는 나이
언젠가
그 언젠가 돌아와 서야 할
그대들의 자리
벼가 자라고 있는 들녘에 서면
살아있는 목숨이 그저 부끄러워!

June Poem
−sent on Memorial Day

Translated by
John Mokrynsky and Hana Kim

Sonny,
you who cultivated your loneliness
by secretly making a lantern of a firefly
inside a puckered up pumpkin flower,
as the green barley shoots ripen,
the quagmire of history only gets deeper
If one turns one's ears
towards the June mountains and fields,
where the pure blood and white bones
of you flower-like individuals lie buried,
the sound one hears
should not be forgotten,
must not be forgotten!
That heart-rending sound
sets the senses trembling indescribably.
Our lives,
that saw survival through the lean times till the next barley harvest
by filling our bellies with water
and the tough strands of arrowroot bark.
Though only the wind blows helplessly
on the slope where the young cogon grass grows,

is there anyone
who does not carve the meaning of
the cuckoo's call into their heart with their tears?
Sonny,
you who frolicked with the early summer's ripening barley
on the embankment paths between the fields,
even if you open up the sluice gates of
the frog cluster of rice paddies
and wash out your voice box choked with tears,
there's no hope of recovery from the pain of that day.
Spreading out an acacia-figured fancy mat,
the years that come rushing
──a place for those that should return
one of these days,
oh one of these days…
If you stand at the edge of the field where the barley is growing,
you're almost ashamed of being alive!

꽃으로 피는 사랑의 혼
-한국전쟁참전용사들에게 바치는 시

사랑의 혼으로 꽃이 되신 그대들이여!
당신의 하늘이 우리의 하늘이고
우리의 하늘이 당신의 하늘입니다
그대들의 그날이 바로 우리의 오늘이 되어
당신의 나라 카나다에 우리가 있고
그대들이 목숨 바쳐 자유를 지켜낸 그 과거가
우리가 함께 가야 할 미래가 되었기 때문입니다

그 많은 사랑 중에 가장 고귀한 사랑은
목숨 바쳐 지키는 사랑입니다
가장 고귀한 사랑을 실천한 그대들을
어찌 잊겠습니까

더러 잊은 듯, 더러 무심한 듯해도
한 시도 잊지 않고 있습니다
어디에 있은들, 긴 세월이 흐른다 한들
그대들의 고귀한 정신이 어찌 지워지겠습니까

한국의 들꽃이 되어
한국의 하늘 아래 혼을 뿌리신 당신들
이곳에 있는 우리들은 그 뜻을 새겨

당신 나라 캐나다의 들꽃으로
캐나다의 산야에 뿌리를 내리며
한 송이, 한 송이, 꽃의 이름으로
당신들의 이름을 불러봅니다

❀, ❀, ❀, ❀, ❀, ❀, ❀, ❀, ❀, ❀, ❀, ❀, ❀, ❀,
❀, ❀, ❀, ❀, ❀, ❀, ❀, ❀, ❀, ❀, ❀, ❀, ❀, ❀,
❀, ❀, ❀, ❀, ❀, ❀, ❀, ❀,

그리고,

*, *, *, *, *, *, *, *, *, *, *, *, *, *,
*, *, *, *, *, *, *, *, *, *, *, *, *, *,
*, *, *, *, *, *, *, *, *, *, *, *, *, *,…

*❀; 한국전쟁에서 산화한 참전용사.
**: 한국전쟁에서 생환한 참전용사.

The Spirit of Love That Blooms as a Flower
-a poem dedicated to the Korean War veterans

Translated by
John Mokrynsky and Hana Kim

Oh you who became flowers with the spirit of love!
Your sky is our sky,
And our sky is your sky.
Those bygone days of yours have become our present day
We are here in your country of Canada
because the past in which you laid down your lives for freedom
has become the future in which we must all go together.

Among the many kinds of love,
the most precious is that in which one lays down one's life for the sake of love.
How can we forget you,
who have put into action this kind of love?

Even if it seems that at times we have forgotten or are indifferent,

we have never for a moment forgotten.
No matter where, no matter how many long years have passed,
your noble spirit will not be extinguished.

You, who became wild flowers of Korea,
who scattered your spirits beneath Korea's skies.
We who are here keep this in mind,
and as wildflowers of your country of Canada,
we put down our roots into the plains of Canada
and call your names, like flowers, one by one

❀, ❀, ❀, ❀, ❀, ❀, ❀, ❀, ❀, ❀, ❀, ❀, ❀,
❀, ❀, ❀, ❀, ❀, ❀, ❀, ❀, ❀, ❀, ❀, ❀, ❀,
❀, ❀, ❀, ❀, ❀, ❀, ❀, ❀,

and,

✶, ✶, ✶, ✶, ✶, ✶, ✶, ✶, ✶, ✶, ✶, ✶, ✶, ✶,
✶, ✶, ✶, ✶, ✶, ✶, ✶, ✶, ✶, ✶, ✶, ✶, ✶, ✶,
✶, ✶, ✶, ✶, ✶, ✶, ✶, ✶, ✶, ✶, ✶, ✶, ✶, ✶,…

* ❀; those who heroically perished in the Korean War
* ✶; veterans who returned alive from the Korean War

축복의 꽃
-탈북민합동결혼식

꽃이어라 아아
초가을 언덕에 피어나는 들국화 같은 꽃이어라
겨울 지나 피어나는 인동초 같은 꽃이어라
그대들 가슴마다
두고 온 고향의 산골짜기마다
홀로 피어 번창하는 들꽃
희망의 땅에서 다시 피워내는 꽃이어라
축복의 꽃이어라

딸아 아들아 그리고
어미아비의 심장에 타오르던 불꽃으로
태어날 새끼들아
절벽을 기어올라
새 날, 새 터전을 열었으니
새끼들 그 마당에서 뛰놀게 하라
이 땅에서 든든한 나무이게 하라
이제는
더터 온 먼 길 돌아보지 말고
더는 슬프지도 말고
외롭지도 말아라

서로가 서로에게 조국이 되고
서로가 서로에게 등대가 되며
서로가 서로에게 촛불이 되고
서로가 서로에게 거름이 되고
그리하여 마침내 피어나는 약속의 꽃, 축복의 꽃

그 꽃에 깃든 사랑 평화 그리고 은혜로움
이 밝은 날, 밝은 세상에서
그대들 힘껏 껴안고 가라
힘차게 가라

*토론토시청 중앙홀(2012년 9월 15일)에서 거행된 탈북자 15쌍의 합동결혼식의 축시

햇살 아래 한 순간 눈부시게 사라지고
어제 핀 꽃 오늘 시들 듯
햇살은 칼날이고
눈부심은 찰나임을
굳이 막아서서 말하지 않아도
온몸으로 깨달으니
막아서지 마라

-〈산안개〉 중에서

4부
낯선 길에서

예원豫園의 돌담장
−상해의 예원

가슴 텅텅 치는
예원豫園의 돌들은 아직도 뜨겁다
멀리
연꽃 피워 올리던 서호西湖의 진흙바닥에서 솟아나
한 달음에 달려오느라 숨차고
와서
서로 어깨 걸고, 기운 곳 괴고, 키 맞춰가며
아름다운 돌담장 이루었어도
어찌하랴!
기다려주지 않는 세월 막지 못하고
어머니의 목숨 길 막지 못하였으니,

모난 곳 깎아낸 생살의 아픔
살점 뜯어 막은
구멍으로 스미는 바람이
통한痛恨의 천년세월보다 더욱 모질다

돌벽으로 안채 별채 마당채 사랑채
칸칸을 막아 놓았어도
이승과 저승의 벽 허물지 못한 채 오늘도
가슴 텅텅, 구불텅 구불텅 온몸으로

비늘 닳아빠지도록
피 말리는 울음소리 흥건한 돌벽 위
승천하지 못한 용트림으로
예원의 돌담장은 지금도 뜨겁다

양자揚子가 보내는 황사黃砂

양자揚子를 처음 안 것은 초등학교 오학년 때쯤
긴 머리채에 푸짐한 몸매
땋아 내린 갈래머리와 이름만 가슴에 새긴 채
알쏭달쏭, 긴 듯 아닌 듯
양자도 성장통을 앓는지
범람도 하고 황사도 날렸다

그러다 언젠가
이웃 동네 총각 장강長江을 만나 살림 차렸다는 소문에
가슴 속에 파문이 일었다
그러거나 말거나 세월은 가고
봄이면 날아오는 황사가 양자의 안부려니 했다

황사, 갈수록 심해지고
홍수로 넘치기도 한다는 풍문이
뜬소문이겠거니, 뜬소문이기를, 하다가
양자의 속앓이가 깊어져
누렇게 각혈까지 한다는 소식에
양자의 안부가 걱정되었다
그러면서도 양자의 속앓이가 행여 나 때문이 아닐까?
두근거리면서도 아서라 설마!

내 속에 큰 병 되지 않으려고 꾹 눌렀다

은근히 속 끓게 하는 양자
그런 내 속을 아는지 모르는지
잊을만하면 날아오는 풍문은 내칠 수 없었다

늦은 중국여행길에 드디어 만난 양자
장강과 한 몸 되어 큰 강을 이루고 사는 양자
여전히 실팍한 몸집으로
빠른 듯, 느린 듯, 깊은 듯 옅은 듯,
강인 듯 바다인 듯 도도한 양자

그 강물 위에 물살 젖히며 떠가는 나는
한 점 섬이거나 한 척 나룻배에 지나지 않으니
끝내 밝힐 수 없는 나의 속내는 더 깊이 묻어버렸다

그 사정 양자도 알아차렸는지
떠나 올 무렵
오락가락 뿌리는 빗줄기에 양자도 젖고 나도 젖었다

세월이 흘렀건만, 양자가 보낸 황사 오늘도 내린다

지팡이

함께 가자
내려갈 줄 알았으면 올라오지 않았을 걸
올라갈 줄 알았으면 내려오지 않았을 걸
황산에 와 또 다시 생각한다
올라감과 내려감은 멈출 수 없는 삶의 여정
오르막이건 내리막이건
동행할 신념이 필요할 뿐
힘들 때 힘이 되고 신념이 되어주는
지팡이, 너 함께 가자!

산안개
-황산黃山을 오르며

막아서지 마라
네 짧은 생애 모르는 건 아니지만
나의 생애 역시 덧없단다

햇살 아래 한 순간 눈부시게 사라지고
어제 핀 꽃 오늘 시들 듯
햇살은 칼날이고
눈부심은 찰나임을
굳이 막아서서 말하지 않아도
온몸으로 깨달으니
막아서지 마라

네 몸이 촉촉하구나
너에게 젖어들어
나 또한 촉촉하구나

그냥 그렇게
-황산절경

기암괴석, 괴송, 운해, 온천이 황산4절이라 했다

괴석 있으니 소나무 있고
바위틈에 솔 씨 하나 떨어트려 괴송 되고
소나무 있으니 안개 들어와 서성이고
기암절벽 여기저기 저절로 풍경되어
끼리끼리,

골골마다 흘러드는 구름 강, 구름바다
이리 저리 몰려다니며 층층 세상 만들어도
그냥 그렇게,

솔숲에 솔바람 깃들고
바위 둘러 잡목 숲 이루며
절로 자리 잡아가는 세상의 이치

저절로 만나고 헤어지며 만들고 이루는
절경,
그 사이 뜨거워지는 마음이
온천수 뿜어낸다

새 없는 숲
-황산의 대나무숲

올곧은 줄만 알았다
올곧아 좋은 줄만 알았다

욕심없는 선비의 청빈, 굴하지 않는 신하의 충성,
목숨으로 언약을 지키는 절개…
온 몸이 쪼개어져서라도 지키는 그 뜻을 기렸는데

'청강만리'의 바람결 일으키는 숲에 와서
대밭에 새 깃들지 못함을 알았네

올곧기 위하여 뿜어내는 결기 가득하여
새조차 깃들지 못하니
몰랐어라
하나 지키려면 하나를 잃어야하고
독하지 않으면 지켜내지 못함을
대쪽 같지 않으면 대나무가 될 수 없음을
온갖 잡새들 길렀더라면
대나무 숲이 될 수 없었음을

문門
-천문산등정

산문山門 ⇒ 운문雲門 ⇒ 천문天門 ⇒ … ⇒ 심문心門
마음속 이정표 따라
산을 열고 들어서니 산이 반긴다
첩첩 골짜기 저마다 자리 잡고 읊조리는 바위들
떼 안개들 흘러들어
바위에 새긴 경문 읽어내느라 이리저리 몰려다닌다

바람 섞은 햇볕 봇짐 등에 지고 걷다보니
구름의 문도 열려
저만치 하늘 문 있을 듯, 열릴 듯,
휘돌고 구비 도는데 문득,
천길만길 벼랑들이 가로 막는다
아하!

산문에서 운문 거쳐 천문까지
높다는 문 다 지나왔어도
마음의 문 열리지 않으면 다 소용없는 일

문門 중에 가장 높은 문은 사람의 문,
심문心門
저 아래 세상에서도 못 열었던 문

이토록 높이, 천문天門 앞에 와서야 겨우 열리는
마음의 귀

신선
-천자산 절벽 길에서

절벽에 매달린 길 분명 사람의 길이다
저 넘어 구름 잡아탄 신선은
골골 넘나들며 비 뿌리고 안개 흩다가
괴석 봉우리에 걸터앉아
아래 세상 내려본다

내 생애 신선되면
사람의 길 버리고 구름길 가리라

짐꾼

최소한 가볍게 꾸린 배낭 매고 올랐어도
몇천 년 이은 돌계단이 수월찮아서
숨도 무겁고 몸도 무거운 등짐이 되었다

비척비척, 궁시렁궁시렁
돌계단에 발자국 새기듯 짚어 오르는데
보기에도 버거운 짐 양 어깨에 매고
거뜬히 앞지르는 짐꾼의 추월

우리가 벗어 맡긴 짐과
우리를 먹일 똥 찌꺼기를 짊어지고
피 같은 땀 흘리면서도
가벼이 가벼이 오르는 짐꾼
하루분의 양식에도 흡족해 하며
몸의 때, 마음의 때, 모두 벗고나야
비로소 사는 일도 가벼이 가벼이

잠시 걸터앉아 돌계단 모서리에 앉아
숨 돌리는 짐꾼이 피워 올리는 구름
매미 짐 진 내 앞에서
괴석에 걸터앉은 신선이 되어버렸다

이승의 마지막 꽃
―풍도(귀성)의 황천문에서

뜨거워라
지나 온 모든 길 다 뜨거워라
단 한 줄 새겨 넣는 묘비명도 눈물겨운데
불가마에서 한 줌 연기로 사라지는
한 생애가 뜨거워라

레떼의 강을 건너 니르나바에 이르는 길은
늘 물안개에 쌓여 멀고도 가까웠으니
헛짚고 부질없던 생애가 꿈결만 같다

알겠네
분노로 들끓던 얼음길도, 외로워서 춥던 숱한 밤도
이제 와서 돌아보니 뜨거움이었네
뜨거움 아니었으면 뜬세상 어찌 건넜으리
얼음길도 외로움도 모두가 불길이었음을
미움도 정도 모두가 불꽃이었음을
이제 와서야 알겠네

이승에서 본 마지막 꽃
부건베리아, 부용화도
강 건네준 반야선 사공에게 던져줄 테니

사공아, 돌아가거든
다시 오는 뱃머리에 꽃등으로 걸어서
뒤따라오는 이들 머리에 가슴에
환하게 향기로운 길 밝혀주시게

흙꽃
―진시황릉

지하에서 숨죽이고 있는
아직 덜 핀 꽃나무의 뿌리가 되어
머지않아 피어 올라올 꽃 무더기가 되어
누대를 이어온 흙의 역사
잠겨서 살리고, 살려서 피우고, 피워서 보여주는
그러나 아직도 보이지 않는 더 많은 들꽃들
흙 한 줌이, 들꽃 한 송이가
층층 겹겹의 생애를 빚어내고 있는
지하도시

양귀비

지금 막 목욕을 마치고 나오는 당신 몸에서
비누냄새 여전하여 바람도 살랑대고
물기 마르지 않은 하얀 몸매를 타고
흘러내리는 물방울들이 자르르
부딪치는 계곡 그 근처에 오늘도
백옥으로 지은 새 왕궁 한 채 들어섭니다

하비루夏婢樓에서

화청지華淸池에서는
석류나무도 몸을 비틀고 있었다
모락모락 피어오르는
석류의 신맛에 연꽃 몽오리 벙글다 멈칫,
둘러선 나무들도 하늘로 오르다말고 그만,
그 신 맛에 몸을 비틀고
돌바닥에 새겨진 백거이의 시, 쯧쯧쯧
아직도 혀를 차고 있다

＊하비루: 양귀비가 머리 말리던 누각.

바람나고 싶은 밤
―상해의 밤야경

멀미가 일어
바다 너 때문이야
아니, 밤이어서야
아니, 아니, 밤바다를 끌고 가는 불빛 때문이야
아니, 아니,
내 속에 숨어사는 뭔가가…

나도 모르는 불씨가 살고 있었어
밤바다 바람이 부싯돌을 쳐서
그 불씨를 살려낸 거야

아찔한 불꽃에 파도가 일어
파도가 흔들어대는 불꽃에 델 것만 같아

합천해인사에 가기 전에 먼저 살펴라
8만 4천의 바다에서, 섬과 섬 사이를 떠도는
내 몸이 장경이고 이웃이 선승禪僧이다

                    -〈천지에 장경〉 중에서

5부

그대, 세상의 길에서

천지에 장경

착각하지 마라!
8만 4천 대장경이 합천 해인사에 있다고,

8만 4천 번민을 털어내는 8만4천 사람살이
8만 4천 사람 사이에
8만 4천의 바다 있고, 섬 있고, 길도 있다
곳곳에 널려있는 장경각과 장경들
지금 발 디딘 세상이 대 장경각이다

합천해인사에 가기 전에 먼저 살펴라
8만 4천의 바다에서, 섬과 섬 사이를 떠도는
내 몸이 장경이고 이웃이 선승禪僧이다

누구라도

누구라도
그 앞에 고개 숙이지 않는다면
그것을 겸손이라고 할 수 없다

누구라도
그 앞에 가슴 치며 무릎 꿇지 않는다면
그것을 슬픔이라고 할 수 없다

누구라도
그 앞에 끄덕이지 않는다면,
목숨까지 내놓을 각오를 하지 않는다면
그것을 정의라고 할 수 없다

모든 것은 밑바닥이 있다
누구라도, 그 밑바닥에 닿지 않는다면
참된 삶을 이뤄낼 수 없다

나이아가라 폭포

가보면 안다

곤두박질치기 전에는 그냥 유유한 냇물이었다
새들 불러 모으고, 물고기나 몇 마리 기르고,
푸나무 뿌리에 물이나 대는,

한 순간
천길 벼랑으로 곤두박질쳐 땅심에 닿은 후
사람의 속까지 파고들어
비로소 이름을 얻었다

낮아져서 깊이 유유해졌고
크게 부서져서 아름다워질 수 있는
나이아가라, 그곳에
가 보 면 안 다

기쁜 슬픔 슬픈 기쁨
-소록도의 사슴전설

오래전, 사람의 한 생애쯤 되는,
1962년과 1966년, 슬픔이 무성한 사슴의 섬에
가슴에 맑은 물 고이는 샘 하나씩 품은
두 마리 사슴 마리안과 마가렛이
먼 나라 오스트리아에서 왔다

맨손으로 상처를 어루만지며 약을 발라주고
외국의 의료인을 불러 장애교정을 해주고
한센인 자녀의 영아원을 운영하고
자활정착을 도우며 보낸 세월 43년
있는 것 다 주고 나서,
이제는 나이 들어 더 줄 수가 없다는
편지 한 장 남기고 몰래 떠나버린,
손의 기적과 베품의 한량없음을 보여준
소록도의 성녀 마리안 그리고 마가레트

떠나보내 놓고 섬은 오늘도
기쁜 슬픔 슬픈 기쁨으로 울먹울먹 글썽글썽
아름다운 사슴전설 가슴에 새기며 출렁거린다

지식은 똥

닥터 팽彭이 진료실에서 환자를 보고 있는 동안
이십칠 개월 된 말썽장이 아리가
이 구석 저 구석, 이 방 저 방, 제 맘대로 통·통·통…
뒤따라 다니며 말리느라 힘 드는 할머니는 아랑곳 않고
진료실 옆의 연구실 문을 벌컥 연다
빈 방, 문 옆에 뼈로 서 있는 사람
실제 크기의 인체골격구조 앞에서 이삼 초?
아리의 눈빛이 반짝하더니
"하머니(할머니), 크으다 아줌마!"
이어 창가에 놓인 오십 센티 정도 높이의
혈 자리 표시 인체모형석고로 눈길을 돌리며
"쁘띠(작은) 아줌마!"
놀랄까봐 긴장하는 나의 시선을 묵살하며
귀여운 표정으로 작다는 흉내까지 낸다
어이없어라
해골을 보고 무서워할 거라는
나의 지레짐작이 머쓱하다
잘못짚은 것은
아무것도 모르는 아리가 아니라
많이 아는 나다
겁을 낸 건 이십칠 개월 된 아리가 아니라

육십 년 넘게 살아온 나다
해골과 뼈들이 어떻게 아줌마로 보이는지
(박제된 뼈의 실제 주인이 여자였을지도…
그것까지 아리가 꿰뚫어 보았는지도…)
말 배우느라 서툰 발음, 서툰 문법이긴 하지만
무서움을 아는 나보다 무서움이 없는 아리,
있는 그대로 받아들이는 맑은 눈의 천사 앞에,
지식은 똥이구나!

소록도가 사라졌다

소록도
이름만으로도 슬픈 계보가 그려지는
작은 사슴의 섬

보리피리 불며 필 릴리리…
청소년기 어느 한 때를 문둥이 빛으로 물들인
한하운의 싯귀 때문에
할머니의 몸 썩는 살 냄새가 타고 넘어와
잠마저 매달던 사춘기의 마지막 봄 보리밭
그 초록물결 마음에만 담아두고
민들레 씨앗들을 날려 보내어 달랬던 섬,
법으로부터, 병病으로부터, 세상으로부터
그리하여 사람으로부터 버림받아 섬보다 더 먼 섬
그래서 더 저리도록 가보고 싶었다

세상이 좋아져 갈 수 있는 곳은 많아지고
사람과 사람 사이에 놓이던 다리들이
곳곳의 바다위로 옮겨 앉았다
섬과 뭍이 맞닿으면서 바다들이 떠나버리고
나와 섬은 서로 멀리서 문명의 생리통을 앓았다

드디어 그 섬에도 대교가 놓아졌다는 뉴스 후
바다가 먼저 떠나버렸다는 소식에
보고픈 마음이 사라져버렸다
오래 외롭게 많이 아팠던 그 섬

이름대로 작은 사슴이 살지 않는다는 사실보다
보리밭 초록 물결이 있지도 않다는 사실보다
쓸쓸함이 더 짙어 깊어진 문명생리통
이제는 마음으로부터도 쫓겨나 버림받은 섬
사라진 섬이 되어버린 그 섬
소 록 도

오호라, 단양

산청청山青青
수심심水深深

한 구비 산길 넘나들면 세상사는 사람의 도리
한 구비 물길 돌아들면 땅의 이치 물의 이치
하늘이 산 그리매 타고 내려 푸른 이야기 풀어내고
옥양목 필로 펼쳐 흰옷인심 꾸리 감아
역사를 적어내리는 곳

열 두 폭 산수화가 단양 팔경 그려놓고
어둠도 씻어내고 슬픔도 녹여내는
넉넉한 세월의 품
그 터에 뿌리내려 목숨 일구고
수놓듯 정 나누며 물빛으로 사는 이들
인청심人清深

산 빛 물 빛 절로 취하는
오호라! 단양
山 青青
水 深深
人 清深

수의 壽衣

오면 가고 가면 온다던가
언젠가 갔으니 이렇게 왔고
이렇게 왔으니 언젠가 갈 터
가면 언젠가 또 오려니

가는 길에 걸치는 옷에 주머니가 없음은
오는 길에 걸림돌이 없게
오래 머물겠다는 흰 욕심도 담아가지 말고
갔다가 오리란 기대마저 버리라는 뜻

오는 길 첫걸음에 입었던 배냇저고리에도
주머니가 없었으니 갈 때도 그냥 가라

오고감이 무겁지 않게
그냥 오고
그냥 가라

오고감도 없이
든 자리 난 자리 없이 그냥
가고
오라

슬픔 뒤에 오는 슬픔

정작 슬플 땐 아무 것도 느껴지지 않더니
그래서 위로의 말조차 어색하더니
한 참 지나서
슬픔을 잊을 때쯤 되었을 때
날씨 참 신경질 나게 좋은 날
햇볕 아래 나앉아 불현듯
너, 떠나지 않았다면
이 햇볕 함께 받을 수 있었을 텐데
그 우연찮은 생각 끝에
그제야 슬픔이 깨어나듯
가슴이 먹먹해지고
온몸이 쪼개지듯 콕콕콕

갑자기 세상은 텅 비고, 목은 메고
숨이 목에 걸려 메이는데
그러다가 갑자기 툭
가슴의 실밥이 터지며 쏟아지는
눈물

매일 아침 말없이 먹던 국물보다 더 뜨겁고
매일 아침 목 줄기를 타고

목숨으로 넘어가는 길보다 더 아리다

햇볕은 더 눈이 부시고
하늘은 더 멀다

슬픔을 되돌아보던 슬픔이
슬픔 때문에 더 슬프다
아,
슬플 땐 날씨 좋은 것도 이유가 된다

우이동에 가면

우이동에, 우이동에 가면
시 짐승 네 마리쯤 똘똘 뭉쳐 사는데
사춘기 색정에 못 이겨 섬이란 섬 들쑤셔 놓고도
성에 차지 않아 소년티 못 벗더니 이제는 구렛나루 성긴
사잇길로 살살 기는 섬 찾아 다니는 이 아무개,
중 덜된 사미, 시율 맞출 때마다 목추길 술병 하나 달랑 든
바랑 걸머 매고 너부데데 인심 좋게 사는 임 아무개,
여자 같은 남자, 남자의 뒷 주머니에 꽂힌 손수건,
손수건에 수놓인 그리움 같은 채 아무개,
난蘭 같은 풀로, 풀에 붙은 목숨처럼
목숨에 풀물 들이는 홍 아무개

우이동에, 우이동에 가면
시 짐승 네 마리쯤 직들끼리 사는데
풀물 든 술잔 가득 채우는 그리움
손 때 묻은 오지 술병, 칼칼한 괴기 맛
다 챙겨 놓으면 빠진 것 없는데도
뭔가 빠진 것 같아 자꾸만 허전해질라치면
시도 지어 읊어보고
때로는 친구들도 불러 들이며 직들끼리 산다

의홍이 형

런던포그 바바리 코트 깃 세우던
아직은 바람 끝 가시가 녹지 않은
봄날 그 호숫가 잔물결처럼
일고지는 세상인심 얘기하면서 하던 그 말,
나 기억해요 형

재바르던 입술 꾹 다물고 때로는 웃기만 하다가
그리도 많은 할 말 멈추고
어떤 땐 그냥 웃으며 바라보기만 하던,
떠나기 바로 전 일요일에도
떠날 기미는 커녕 곧 또 만나자고 손 흔들던 차창 밖
아쉬움에 자꾸만 작아지던 모습
뒷걸음질로 물러서면 금방 닿을
그 바닷가 솔밭

"보리밭에서 나왔다고 왜들 야단이야…"
나지막하게 부르던 노래
지금도 다들 듣고 있을 거예요 형
그 동네에도 물가 있거든
가끔 나가 그 노래 다시 부르고
하고 싶은 말 다 하시구랴

가을 뜻풀이

'안 봐도 비디오'는 속이 뻔히 보인다는 말
'하나마나한 소리'는 다 안다는 말이다
'두고 보자'는
겨울로부터 시작한 사계절,
봄 여름 지난 후 나중에 오는 가을에 보자는 뜻이다

겨울이 갈무리해둔 씨앗
봄이 심어 싹 틔워 키우고
열매 맺어 익히느라 여름이 수고하고 나면
나중에 늙은 가을이 와서
모두 거두어들인다

사는 일이 어디 정해진 대로일까만
속 따로 두고 살거나
하나마나한 소리를 해보는 것도 다 진행 중이고
언제나 그 끝은 가을이다

결국 나중에 보자는 것도
가을의 일,
가을은 절대 먼저 오지 않는다